Marie-Agnès

par *Myriam*

15ᵉ mille

IMP. FRANCISC. MISS.
Vanves près Paris

VIC ET AMAT
11, rue Cassette, Paris

MARIE-AGNÈS

Ato et Wiking Sing-taï,
baptisés le 8 septembre 1901.

Marie-Agnès

PAR MYRIAM

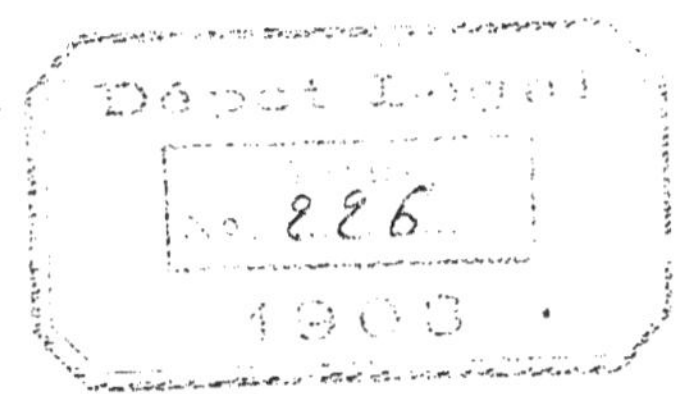

Vanves près Paris | Paris, 11, rue Cassette
16, route de Clamart | Vic et Amat

1902

MARIE-AGNÈS

I. — LES DÉBUTS D'UN MILLIONNAIRE

'HISTOIRE que nous allons retracer est une touchante manifestation de la grâce, un de ces oasis que le cœur missionnaire rencontre au milieu du désert affreux du paganisme.

Parmi les villes chinoises, Canton partage avec Macao l'honneur d'avoir été des premières en contact avec les Européens, leur civilisation, leurs flottes. Les Portugais y eurent des comptoirs depuis la fin du seizième siècle. Les Anglais les y suivirent et absorbèrent, en grande partie, le commerce de la cité. Le quartier des Européens garda le souvenir de cette prise de possession marchande avec le nom de *Chisan-hang*, les Treize Comptoirs.

Au début de notre histoire, un renouveau de travail et d'activité emplissait la cité déjà grande et qui se remettait peu à peu des épreuves de la guerre contre la France et l'Angleterre.

Parmi les Chinois de Canton, se trouvait un jeune homme, de très modeste origine, mais doué de la finesse d'esprit, de la persévérance, de l'immuable sérénité qui sont les caractéristiques de la race. Il avait, de plus que beaucoup d'entre les siens, une loyauté et une honnêteté qui le firent immédiatement rechercher par tous les Européens, avec lesquels il eut à faire dans les divers métiers, qu'il entreprit pour tenter la fortune.

Ce frottement avec les gens civilisés permit à notre jeune Chinois de faire des remarques approfondies et des études d'économie politique sur l'avenir de sa race. Il comprit, malgré sa fierté chinoise, que sa nation était en retard sur les autres, que ses meilleures qualités natives étaient comme un sol en friche auquel manque le labourage et qui ne produit que des plantes sauvages.

Cette culture intellectuelle, non pas à la mode chinoise, mais selon l'usage européen, Sing-taï résolut de se la donner. Il eut vite fait d'apprendre l’anglais de manière à l’écrire et à le parler correctement. Il écouta, il lut, il examina, et la fortune du studieux jeune homme commença.

Une chose manquait à ce beau travail d’une intelligence qui tend à échapper d’elle-même aux ténèbres de la barbarie. Sing-taï ne voyait et ne cherchait que le progrès matériel. Ses travaux et son commerce ne l’avaient mis en relation qu’avec les exportateurs et les marchands, tous plus ou moins âpres au gain, uniquement occupés de la réussite de leurs affaires matérielles : chercheurs d’or venus de tous les points du globe, poussés par une passion avaricieuse qui, hélas ! développait toutes les autres, ministres protestants, aux gros honoraires, qui font de la Bible une nouvelle affaire commerciale. Bref, notre jeune Chinois ne vit là rien qui attirât et élevât son âme, il conserva la religion de ses ancêtres tout en mitigeant peu à peu les coutumes plus barbares, que son contact avec les Européens lui faisait mépriser. Mais il n’apprit point d’eux l’amour et la soif de la vérité.

Sing-taï monta tout d’abord un petit commerce d’exportation, puis il établit une banque dont le crédit fut florissant, et bientôt il put envoyer des représentants dans toutes les villes du littoral.

Le petit ouvrier, devenu déjà le riche banquier Sing-taï, put songer à contracter une alliance digne de sa nouvelle fortune.

Dans cet acte important, il ne s'éloigna pas des usages de sa race. Les *mei-jin,* entremetteuses obligées de ces sortes de contrat, choisirent pour lui une excellente petite femme, douée de toutes les qualités requises chez la parfaite jeune fille chinoise.

La future Mme Sing-taï savait accomplir dans la perfection les broderies nuancées et les autres travaux d'aiguille, elle était passée maîtresse dans la confection des petits souliers féminins, et sa grâce dans le maniement de l'éventail n'était égalée par aucune Cantonaise. Il y avait mieux : notre jeune Chinoise avait bon cœur et bonne tête, comme le prouvera la suite de notre récit ; elle sut élever d'une main ferme et douce les nombreux enfants que le ciel lui envoya, et rendit Sing-taï un heureux époux.

La perle trouvée, les cadeaux échangés et le jour du mariage fixé, la fiancée parée, fardée, embaumée, fut conduite en grande pompe au domicile de son mari.

Un magnifique palanquin, accompagné d'une escouade de musiciens, lui fit traverser une partie de la ville chinoise et la porta vers la demeure mi-européenne, située sur la limite du Chisanhang, où l'attendait Sing-taï. Son arrivée fut saluée par un bruyant feu d'artifice.

Le palanquin s'ouvrit et la jeune épouse fit quatre génuflexions devant son nouveau maître, car le proverbe chinois est bien consacré par l'usage :

« La jeune fille est soumise à ses parents, l'épouse à son mari, la mère à son fils. »

Les deux Chinois se rendirent ensuite devant l'autel des ancêtres, situé au centre de la chambre principale, pour y accomplir les libations prescrites et boire à la même coupe le vin consacré. Cette pièce révélait déjà la fortune du jeune banquier, les meubles rares, les tabourets bas, les petites tables de même hauteur étaient de bois précieux, enrichis de fines incrustations. Aux murs pendaient des inscriptions, œuvres d'un habile pinceau. C'étaient toutes des sentences de Confucius sur le travail, la probité, le respect des anciens. Chose rare ! dans la maison de Sing-taï, on pratiquait cette probité dont la louange s'étalait sur les panneaux de la salle de réception.

Nous avons dit que le banquier n'avait point abandonné tous les préjugés, ni surtout la religion de ses compatriotes. Il est pour eux une habitude tyrannique. Tout homme riche doit avoir au moins deux femmes, sous peine de se déshonorer. Une seule est, il est vrai, l'épouse choisie, l'autre a plutôt le rôle d'une servante. Sing-taï céda à la force de l'usage; mais se trouvant, au bout de quelques années, dans la nécessité de quitter Canton pour surveiller l'établissement d'une nouvelle banque dans le nord de la Chine, il laissa sa *petite femme* dans son pays natal, en la chargeant de soigner ses vieux parents, et vint s'établir à Tché-fou avec Mme Sing-taï et les enfants déjà nés de leur union.

L'aînée mourut fort jeune, la deuxième, Ahung, est l'héroïne de notre histoire. Elle nous fera faire connaissance avec ses quatre frères et sœurs.

En 1888, peu de temps après l'établissement de la famille chinoise au Chan-tong, les Franciscai-

Elle avait bon cœur et bonne tête, p. 12.

nes Missionnaires de Marie mirent le pied à Tché-
fou. Elles arrivaient conduites par une âme vaillante, assoiffée de sacrifices, qui a arrosé cette première fondation chinoise de ses larmes et du sang
de son cœur, la Révérende Mère Marie de Saint-
Sébastien.

On ne débuta point par la grande et spacieuse
installation que l'on admire maintenant au bord
de la mer ; les Missionnaires en fondation s'instal-
lèrent dans un pauvre logis chinois, à proximité
de l'église.

Mais le nid, suffisant pour les Franciscaines
Missionnaires de Marie qui n'étaient pas difficiles,
était trop petit pour recevoir les orphelines qu'on
leur amenait déjà. Il fallut chercher un autre abri.

Dans la première rue chinoise à côté de la
ville européenne, elles trouvèrent une maison
simple mais vaste qui leur permettait d'attendre
la construction du vrai couvent. C'était la pro-
priété du banquier Sing-taï, déjà renommé à Tché-
fou. A peine eut-il connaissance du désir des Religieuses qu'il se rendit auprès d'elles, et mit avec
fort bonne grâce le local convoité à leur disposi-
tion.

Les Missionnaires y demeurèrent dix-huit mois, pendant lesquels elles purent connaître davantage l'intéressante famille du banquier et apprécier tout ce qu'il y avait de bonté native et de loyauté dans ces âmes.

De son côté, Sing-taï, avec son esprit d'observation, étudia les nouvelles arrivées, il se rapprocha des Pères Missionnaires, curieux de voir à l'œuvre cette religion catholique qui, avec de si faibles ressources, voulait entamer l'immense empire chinois; et s'il ne dit rien, peu à peu, son âme droite se sentit prise d'un saint respect dont il donna d'incessantes marques à la mission.

La bourse de Sing-taï était toujours ouverte aux Franciscaines Missionnaires de Marie pour les emprunts, grands ou petits, dont il refusait absolument de recevoir l'intérêt. Grâce à lui, bien des heures terribles s'écoulèrent, sans que les enfants recueillis par la charité chrétienne eussent à souffrir de la pauvreté. Les magasins du riche Chinois fournissaient l'orphelinat, et les provisions qu'on y achetait arrivaient souvent largement augmentées par la main du généreux bienfaiteur.

A Tché-fou, Sing-taï se lia avec une excellente famille chrétienne, jouissant d'une belle aisance, quoique loin de posséder la fortune du banquier. Bientôt les nouveaux amis devinrent inséparables. Femmes et enfants se réunissaient, tandis que l'on apercevait toujours côte à côte les deux chefs de famille. Le païen accompagna même parfois le chrétien à la cathédrale, assista à la messe avec la tenue la plus respectueuse et ne manqua jamais, au grand étonnement de ses coreligionnaires, de saluer profondément le très saint Sacrement.

Vers la fin de l'année 1893, la portière du couvent Saint-François vint avertir la Supérieure des Franciscaines Missionnaires de Marie, que M. Sing-taï la demandait au parloir. Nullement surprise, vu les bons rapports existants, la Mère s'y rendit et, après de longs préambules de politesse et saluts chinois, le banquier exprima sa requête dans le plus pur anglais.

Une dame chinoise, de ses connaissances, mariée à un Européen, désirait mettre sa fille en pension afin qu'elle fût élevée selon nos usages. S'étant d'abord adressé au beau collège protestant où sont instruites les filles des ministres de la province, la Chinoise reçut cette réponse qui lui fut très désagréable.

« Les enfants purement européennes sont seules admises dans ce palais. »

« Voilà pourquoi, continua le bon Sing-taï, je suis venu vous trouver. M'éconduirez-vous, comme les protestants ? Je ne le crois pas, votre charité est bien trop grande...

« Moi aussi, ajouta-t-il, après un moment de réflexion, j'avais pensé mettre mes enfants dans ce collège, mais si on refuse des demi-Européennes, à plus forte raison refusera-t-on les vraies Chinoises. J'ai trois enfants, Mother, que je désire faire élever à l'européenne. Si vous craignez, en acceptant une Chinoise, de blesser la délicatesse des jeunes filles que vous instruisez, je consentirai volontiers à ce que les miennes quittent leur vêtement national. »

Cette demande de Sing-taï, c'était le premier pas vers un but ardemment désiré et que les Religieuses imploraient par de longues prières.

La Missionnaire accepta immédiatement les enfants de Sing-taï et protesta qu'elle aimait mieux les voir habillées en Chinoises selon leur habitude.

Il fut donc arrêté que l'aînée des enfants, Ahung, viendrait après les vacances, et les plus jeunes, dès que leur âge le permettrait.

’ANNÉE 1894 fut terrible pour la Chine surtout pour le Chan-tong et les provinces voisines, devenues le théâtre de la guerre.

Les fils du Céleste-Empire eurent bientôt appris à leurs dépens que les Japonais étaient plus disciplinés et mieux armés qu’eux.

A la suffisance et aux bravades des premiers jours, succéda une terrible panique. La ville de Tché-fou fut mise en état de défense, les quartiers indigènes devinrent silencieux et terrifiés, des soldats déguenillés, blessés et fuyards remplirent les rues, semant l’épouvante par leurs récits exagérés.

Tout ce qu’ils disaient n’était pourtant pas un effet de la peur ; le danger couru par la cité fut assez sérieux pour que les navires européens vins-

sent dans le port assurer la sécurité de leurs natio-
naux.

Un peloton de marins, sous le commandement
d'un officier, descendit même à terre et fut logé
dans les bâtiments des Franciscaines Missionnaires de Marie, où il resta tant que dura le péril.

Inutile de dire que les marsouins furent aussi
contents des bons soins des Religieuses, que celles-
ci de la complaisance et de la discipline de nos
soldats.

Ce ne furent pas les seuls hôtes du couvent pendant ces temps de trouble.

En homme avisé, dès les débuts de l'orage, Sing-
taï avait passé ses affaires dans les mains de quelques Européens, honnêtes et sûrs, qui veillèrent
sur les dépôts de marchandises et les affaires de
la banque.

Mais notre Chinois, qui aimait tendrement sa
famille, ne se contentait point pour elle de l'hos-
pitalité que lui offraient quelques-uns de ses
clients européens. Résolu d'abord à ne pas s'en
séparer, il dut s'y résoudre au moment où l'on
annonça, à Tché-fou, la prochaine arrivée des trou-
pes japonaises.

Il connaissait la bonté de la Supérieure des Franciscaines Missionnaires de Marie, il vint lui demander de recevoir les siens et de les protéger. Il n'eut pas de refus. Un logement fut préparé à la hâte au rez-de-chaussée de la maison et, pendant plus de six mois, Mme Sing-taï, ses enfants et quelques esclaves habitèrent le toit de Jésus-Eucharistie.

La famille du banquier avait, en effet, des esclaves comme presque toutes les familles riches, mais ils étaient traités comme de vrais enfants. Le banquier et sa femme les achetaient en général en très bas âge, les élevaient, les faisaient instruire et pourvoyaient ensuite à leur établissement.

Le petit garçon de Sing-taï, Ato, âgé de cinq ans, attira dès le premier jour l'attention des Religieuses par son air d'innocence et de candeur. Il semblait vraiment un ange du ciel égaré sur la terre ; aussi la Mère Supérieure, le prenant par la main, le conduisit à la chapelle pour l'offrir à Jésus au pied de son tabernacle. L'enfant, qui venait au couvent pour la première fois, ne fit aucune objection, il considéra longuement la prison d'amour et sourit joyeusement à sa conductrice comme pour la remercier. Pendant tout son séjour, il resta doux et aimable, moins pétulant que sa sœur aînée, la bouillante Ahung, la future élève du pensionnat.

Les jours s'écoulèrent lentement, avec des alternatives de tristesse et d'espoir. M. Sing-taï venait souvent voir ceux qui lui étaient chers, et s'étudiait à leur cacher les appréhensions de son cœur.

Enfin, l'horizon s'éclaircit, les préliminaires de paix furent signés, et la vie reprit peu à peu son cours normal. La famille Sing-taï retourna dans sa riche et vaste maison, et le banquier rouvrit l'ère de ses prospérités. Loin d'avoir nui à ses affaires, la guerre leur donnait maintenant une nouvelle activité.

Sing-taï en fut heureux, mais non pas seulement pour lui. Il ne pouvait oublier le service que les Missionnaires catholiques lui avaient rendu et ne perdait aucune occasion de leur témoigner sa reconnaissance. Il n'y avait pas une fête, pas un festin, sans que le banquier ne mît de côté la part des *Sisters* et de leurs orphelines. Ce fut aussi avec une grande confiance qu'à la réouverture du pensionnat, il donna sa fille Ahung.

L'enfant avait alors sept ans ; elle tenait de son père une vive intelligence, un jugement sûr, un goût inné pour la civilisation, mais aussi une fierté et une certaine ténacité qui furent l'occasion de bien des luttes pour la chère enfant. On put cependant présager qu'il ne lui faudrait pas long-temps pour devenir, selon le vœu de son père, une parfaite Européenne.

Les étonnements commencèrent pour la petite fille au seuil du couvent ; mais, résolue à se civili-ser, elle n'en laissait rien paraitre et, avec une finesse toute chinoise, s'appliquait à connaitre et à comprendre tout ce qu'elle voyait.

Élevée jusqu'alors par sa mère et une esclave fidèle dans les croyances de l'idolàtrie, elle consi-déra, pleine de surprise, les cérémonies de la reli-gion catholique ; pressentant bientòt le mystère caché, elle ne cessa de poser des questions aux Religieuses, pour satisfaire la pieuse curiosité qui tourmentait son âme. Alors comme aujourd'hui, on rencontrait à Tché-fou des enfants apparte-nant à toutes les religions ; il y avait des catholi-ques, des protestantes, des schismatiques. L'âme sincère de la petite Chinoise eut bientòt fait son choix, elle alla d'instinct vers la foi pure du Christ, vers la communion de l'Église catholique.

L'amour et la charité pouvaient seuls faire plier cette nature altière. L'exemple eut aussi sur elle une forte influence. Elle considéra ses compagnes catholiques, les trouva meilleures, plus obéissantes que les autres enfants qu'elle avait connues et s'appliqua à leur ressembler. Rien ne semblait au-dessus de ses forces.

Respect, obéissance, exactitude, piété, Ahung voulait tout pratiquer, tout apprendre. C'était parfois au prix de terribles luttes. Deux natures diverses se combattaient dans cette jeune âme ; l'une aimante du bien, droite, portée à la vertu, au sacrifice ; l'autre hautaine, fière, imbue d'idées païennes et, par un étrange contraste, parfois menteuse.

Mais l'enfant avait une volonté énergique, une réelle affection pour ses maîtresses et un désir ardent de plaire à l'Enfant-Jésus auquel, avec une ardeur charmante, elle avait donné tout son cœur.

Tel fut le levier que notre Ahung mit en action pendant plusieurs années, pour dompter les vivacités et les susceptibilités de sa nature.

Ses maîtresses assistaient avec consolation à la transformation de son caractère, au développement de sa piété. Le don d'un chapelet lui causa une joie profonde, elle se plut dès lors à redire aux pieds de MARIE Immaculée bien des *Ave Maria* et déploya tant d'ardeur pour apprendre le catéchisme que, pendant ces deux années, elle obtint le prix d'instruction religieuse. Ces études catholiques se faisaient au su de M. Sing-taï et avec son approbation. Quelques mois après l'entrée de son aînée, il avait prié les Religieuses de commencer l'éducation de son petit garçon Atp, et deux ans après, la sœur cadette, la petite Wiking, prit place au pensionnat. En les présentant tous les deux, le banquier dit franchement à la Mère Provinciale :

« Je serai très satisfait si mes enfants étudient la religion catholique et même si plus tard ils se décident à l'embrasser. »

La Missionnaire écoutait surprise et ravie, se demandant pourtant comment il se faisait, qu'avec de tels sentiments, le brave Sing-taï ne demandait point le baptême.

Les âmes faibles sont nombreuses. Notre bon

Sing-taï était du nombre de ceux qui croient, mais qui n'osent braver le qu'en dira-t-on, les préjugés et l'habitude. Que notre Europe, esclave du respect humain, lui jette la première pierre !

Le banquier ne devait pas être la seule victime de cette faiblesse fatale. La pauvre petite Ahung en souffrait aussi et ce fut une surprise douloureuse pour la Missionnaire d'entendre le Chinois, qui venait de s'exprimer avec tant de franchise, formuler une réticence.

« Quant à ma fille aînée, disait-il, je regrette de ne pouvoir lui laisser la même liberté ; mais il n'y a pas à y penser. Elle est, depuis sa naissance, fiancée à un païen, qui ne lui permettra certainement pas de suivre une autre religion que la sienne. Je ne puis briser ces fiançailles. En Chine, ce n'est pas comme en Europe, et je n'oserai jamais me charger d'un tel acte, qui pourrait avoir de très fâcheuses conséquences pour ma famille.

« Mes autres enfants sont libres et je n'aliénerai par aucune démarche cette précieuse liberté. »

Un soupir gonfla la poitrine de la Religieuse. Pauvre Ahung ! pauvre oiseau captif ! qui brisera

tes chaînes, qui déliera tes ailes et te laissera
voler vers le bien qui t'attire ?

Vieillie sur le sol de la Chine, la Missionnaire se rendait compte mieux qu'une autre des
difficultés qu'eût rencontrées Sing-taï pour briser
les fiançailles de sa fille alors que, dans le Céleste-Empire, un tel acte a la valeur du mariage,
et que la mort de l'époux promis fait une veuve
de sa fiancée inconnue. Elle savait donc que le
meilleur remède était la prière. Et, mon DIEU,
avec quelle ferveur on vous pria dans le petit
couvent de Saint-François ! que d'offrandes se-
crètes, de sacrifices ignorés, furent faits par ces
âmes courageuses qui, non contentes d'avoir fait
à DIEU le sacrifice total de leur vie, en émiet-
tent les minutes en holocauste pour les âmes.

Au début, Ahung ne saisit pas la différence
qui existait entre elle et ses frères et sœurs. Mais
un soir de congé, revenant au pensionnat après
une journée passée chez ses parents, notre fillette se jeta en sanglotant dans les bras des Religieuses. Son frère, au contraire, semblait rayon-
nant.

« Que s'est-il passé ? dit la Mère Provinciale,

La perle trouvée, les cadeaux échangés, p. 12.

inquiète de l'étrange attitude des deux enfants. Pourquoi pleurez-vous, Ahung ? »

L'enfant ne put répondre, mais Ato s'avança et dit :

« Elle pleure, parce que mon père m'a dit que je pouvais devenir catholique, mais que pour Ahung, c'était impossible en ce moment. Elle est fiancée, ajouta le petit bonhomme avec un air de mystérieuse compassion, et elle doit attendre que son futur mari lui permette de se faire baptiser. »

Remplie de pitié, la Supérieure consola doucement Ahung, l'engageant à prier sans trêve l'Enfant Jésus et sa divine Mère, bien sûre qu'ils ne lui refuseraient point une grâce qui devait leur être si agréable.

Cette épreuve fut pour notre enfant le point de départ d'une vie nouvelle. Elle ne mit plus de bornes à ses sacrifices, la pensée du baptême donnait des ailes à son âme et lui faisait gravir les pentes ardues de la perfection.

Elle se priva immédiatement d'une heure de son sommeil le matin pour assister à la Messe quotidienne et on put la voir, recueillie et fervente, supplier le Bien-Aimé de lui donner le trésor qu'elle ambitionnait.

L'habitude de la prière valut à la chère fillette une tendre dévotion pour la Reine Immaculée. On trouva plus tard dans ses cahiers une prière naïve qu'Ahung avait composée et qu'elle disait fidèlement chaque jour à celle qu'on n'invoque jamais en vain.

La supplication de ce cœur innocent traversait les cieux, MARIE voulait la garder et unir cette fleur d'innocence aux lis empourprés, que l'année 1900 devait offrir au Roi des vierges et des martyrs.

Malgré les efforts constants d'Ahung, sa mauvaise nature avait parfois de terribles réveils, et c'était une grande humiliation pour notre néophyte, en même temps qu'une occasion de redoubler de générosité.

L'orgueil et la jalousie excitaient en elle des tempêtes. Fière d'être la fille du riche banquier Sing-taï, de cet homme estimé qui refusait dédaigneusement le bouton de mandarin, ne voulant pas être le serviteur d'un pouvoir caduc, Ahung jouissait de tout le bien-être du luxe ; mais com-

bien elle eût sacrifié tout cela pour être Européenne! Et vraiment, sauf la couleur du teint et
les vêtements chinois qu'elle portait, rien ne faisait plus soupçonner l'enfant du Céleste-Empire
dans la fillette rompue à nos usages, à notre esprit,
parlant avec élégance et facilité le français et l'anglais et déjà bonne musicienne. Elle n'avait
même pas les petits pieds de sa race. Sing-taï
s'était refusé à soumettre ses enfants à ce traite-
ment barbare, et notre Ahung jouissait donc de
toute la liberté et de la souplesse de ses allures.

Aussi quelle fierté gonflait son jeune cœur
quand elle recevait les premières places, même
parmi ses compagnes européennes, et quel tact
délicat ne fallait-il pas pour apprendre à l'enfant la
nécessité et les douceurs de l'humilité!

La ténacité d'Ahung devenait parfois de l'entê-
tement. Un jour, elle refusa obstinément, au ré-
fectoire, de toucher à la viande qui lui était pré-
sentée. La Religieuse ne céda pas, et laissa l'in-
domptable enfant en tête-à-tête avec le plat dédai-
gné jusqu'à ce qu'elle se fût décidée à en prendre.
La séance fut si longue qu'Ahung, en retard pour
se coucher, dut aller seule faire sa prière du soir

à la chapelle. Aux pieds de la sainte Vierge, ses bonnes résolutions lui revinrent à la mémoire, et notre coupable contrite éclata en sanglots, qu'elle dissimulait d'autant moins, qu'elle croyait la chapelle solitaire.

Dans un coin obscur, la Supérieure priait ; elle vint à la pauvre désolée et lui fit avouer la cause de ce grand chagrin. Alors, doucement, la Mère fit comprendre à cette âme qui lui était si chère le mérite de l'obéissance, du renoncement à sa propre volonté.

« Ce petit sacrifice, ajouta-t-elle, vous aurait peut-être valu la grâce du baptême.

— Oh ! Mère, si j'avais su ! s'écria l'ardente enfant. Mais je vous promets que je serai plus sage ! »

Elle tint parole. Ce mot : le baptême, devint pour elle une étoile, une flamme, un but si cher, que rien ne lui coûtait pour l'atteindre.

Comment devait-elle y arriver ?

EREZ-VOUS exaucée, petite Ahung ? vous avez tant prié, vous avez tant demandé de posséder Jésus.

On était au mois de mars 1900. Dans les provinces voisines de Tché-fou, les I-Huo-kuen multipliaient leurs réunions mystérieuses et, sous les prétextes les plus futiles, cherchaient noise aux chrétiens. L'hiver est fort rigoureux dans le Chan-tong et le printemps se fait à peine entrevoir pour le mois de saint Joseph.

Ahung, avec sa nature bouillante, ne se pliait guère aux précautions exigées par la rigueur de la température. Un matin, au son de la cloche du réveil, elle voulut quitter son lit : ce fut en vain.

Brûlée par la fièvre, la poitrine traversée d'élance-
ments douloureux, la respiration pénible, notre
petite Chinoise retomba sur son oreiller, avec la
mine découragée de quelqu'un qui reconnaît
avoir fait en vain un grand effort. La surveillante
vit la fatigue de l'enfant, et se hâta de prévenir
la Supérieure. On appela le docteur qui n'eut pas
une hésitation. La fillette était prise d'une forte
pneumonie ; on ne pouvait la laisser au dortoir
du pensionnat, on la conduisit donc avec tous
les soins possibles dans le quartier de l'hôpital,
réservé aux pensionnaires. Puis, il fallut prévenir
la famille.

Notre Ahung se laissa faire avec douceur, sou-
riant à ses infirmières.

Mais le mal ne céda pas. Au bout de trois
jours, voyant l'état grave de son enfant, la pauvre Madame Sing-taï n'y tint plus ; elle se persuada que ses soins, que les remèdes du pays sau-
veraient sa fille, elle le persuada à son mari, et
tous deux demandèrent à reprendre Ahung chez
eux, convaincus que des médecins chinois sau-
raient mieux traiter un tempérament chinois.

Hélas ! la constitution fragile de l'enfant ne put

supporter la médication un peu rude qui lui fut imposée. Le banquier, désespéré, rappela le docteur européen de l'hôpital. Il était trop tard, le mal avait pris possession de ce frêle organisme, et la phtisie dévorait la pauvre petite.

Pendant trois mois, elle lutta entre la vie et la mort, heureuse quand ses Mères allaient la voir, lui parler du ciel, de Jésus, du baptême ; alors, ses yeux languissants s'illuminaient, et le sourire du bonheur passait sur ses lèvres pâles. Elle gardait suspendùe aux rideaux de son lit, une image de Notre-Dame du Perpétuel Secours, sur laquelle posait habituellement son regard.

Les brises tièdes de mai ranimèrent un peu son corps affaibli, elle put venir au couvent en chaise à porteur pour la fête de la Mère Provinciale, mais c'était un mieux factice. Ahung n'était pas une fleur de la terre. Le divin Fiancé attirait la chère fillette et, à mesure que ses forces s'en allaient, que son enveloppe terrestre devenait plus diaphane, l'âme entrait en communication avec son Dieu et se brûlait du désir de le posséder.

Le 20 juin, le bruit courut que Mme Sing-taï

allait quitter Tché-fou à cause des troubles crois-
sant dans la province.

Il n'en était rien. Cependant, la Supérieure se
rendit chez le banquier le soir même. Ahung était
plus mal. En apercevant ses chères Missionnaires, elle leur tendit ses bras maigres et se prit à
pleurer.

« Qu'avez-vous, ma petite fille ? lui demanda
la Mère Provinciale.

— J'ai peur de mourir sans le baptême, »
sanglota l'enfant, la tête appuyée sur l'épaule de
celle qui connaissait si bien les désirs de son âme.

La Religieuse considéra la pauvre petite, ses
yeux enfoncés dans l'orbite et brillants d'une
lueur fiévreuse, ses joues pâlies, sa bouche con-
tractée par la souffrance. Elle aussi pensa que Jésus
ne tarderait pas à cueillir sa petite fleur, et prenant une résolution subite, elle dit à l'enfant :

« Soyez bien en paix, la sainte Vierge vous
garde ! »

Puis elle s'approcha du banquier qui considé-
rait avec tristesse la pauvre petite malade, et le
pria de consentir à ce qu'Ahung retournât à l'hôpital. Le malheureux père comprit que sa fille

aurait là des soins que toute son affection ne pouvait lui donner, il acquiesça aux propositions de
la Missionnaire.

« Si ma fille le veut, j'y consens ! »

Dès le lendemain, Ahung était installée dans
une grande chambre, claire et bien aérée de l'hôpital Saint-Sébastien. La brise de mer entrait par
la fenêtre largement ouverte, et notre petite
Chinoise, étendue dans un lit très blanc, souriait
en prêtant l'oreille aux prières murmurées par les
Religieuses et aux voix d'enfants qui montaient
de la cour ensoleillée. Il semblait à Ahung que
cette belle chambre claire était le prélude du baptême. — C'est bien mieux encore, chère enfant,
c'est pour vous la porte du ciel.

Mais la fillette n'était point venue à l'hôpital
avec la pensée de guérir, elle y venait pour devenir chrétienne, c'était le dernier et unique désir
qui pût donner un peu de vie à ce corps épuisé.
Elle était donc insatiable, il fallait lui parler de
Jésus, lui dire le bonheur du ciel, l'assurer qu'elle
ne mourrait pas sans le saint baptême.

Le soir de ce premier jour d'hôpital, le Père
aumônier vint voir la jeune malade ; il l'entretint

longuement et la voyant si faible, il lui laissa ces
mots pleins d'espérance.

« Préparez-vous, ce sera bientôt ! »

En effet, on ne pouvait plus attendre ; la voix
de l'Époux conviait déjà la jeune fiancée aux
noces éternelles.

La Mère Provinciale demanda au banquier chinois de consentir au baptême de sa fille ; ce fut
un coup terrible pour le pauvre homme, non qu'il
craignit de la voir chrétienne, mais il comprit que
tout espoir était perdu.

« Je consens, dit-il le cœur brisé, car si elle
doit mourir, je veux qu'elle meure en chrétienne. »

Réjouissez-vous, Ahung, l'heure tant désirée
approche !

. . . .

Le soleil s'est levé radieux et verse des flots
d'or dans la chambre de la petite mourante, l'enfant le considère joyeuse. Le verra-t-elle encore ?
que lui importe ; un autre soleil va vivifier sa
jeune âme. Elle n'a vécu que de désirs, et la
mort lui semble belle, messagère de cette grâce
après laquelle ses douze ans ont tant soupiré.

L'eau sainte a coulé sur son front, Ahung la païenne n'existe plus, et sur son lit de mort, Marie-Agnès, la chrétienne, chante sa reconnaissance. Elle attend encore, l'heureuse enfant, car dans son cœur purifié, le divin Roi va descendre. Et cette Communion lui ouvre un premier horizon du ciel, tandis que l'onction des mourants vient la fortifier pour les dernières luttes.

Marie-Agnès ne semblait plus de la terre, son âme seule vivait à travers la transparente enveloppe, et l'on s'attendait, autour d'elle, à voir les anges accourir au-devant de leur jeune sœur.

La porte s'ouvrit : Sing-taï entra. Il vit sa fille transfigurée, il eut l'impression de la paix qui régnait dans cet asile et s'arrêta sur le seuil.

« Père, lui cria Marie-Agnès, avec un geste de tendre affection, père, je suis heureuse, oh ! comme je vais prier pour vous. »

Un sanglot lui répondit. Le vieux Chinois, terrassé par l'émotion, baignait de ses larmes la main de son enfant bien-aimée.

Au pied du lit d'Ahung, des gémissements se faisaient entendre. C'était la petite Wiking, seconde fille de Sing-taï, qui pleurait amèrement.

« Pourquoi êtes-vous si triste, mon enfant ? lui demanda le banquier.

— Ah ! murmura la fillette, c'est parce que, comme Ahung, je voudrais être baptisée. »

Un regard mourant de Marie-Agnès vers son père implora une réponse favorable. Le Chinois ne pouvait plus rien refuser à sa fille :

« Consolez-vous, Wiking, dit-il, quand vous le voudrez, vous serez baptisée. »

Marie-Agnès avait obtenu son premier triomphe. Sa sœur appartiendrait à Jésus et les lèvres de l'enfant s'agitaient dans la demande et la reconnaissance.

Un peu troublé de l'émotion qu'il avait laissé paraître, Sing-taï s'éloigna, jetant un long regard sur sa fille, et dit à la Mère Provinciale :

« Elle va mourir, je le sens, et moi je n'ai plus le courage de la revoir, sa mère non plus. *Sister,* ma fille est chrétienne, je voudrais, s'il était possible, qu'elle fût enterrée dans votre cimetière. Faites tout comme s'il s'agissait d'une Européenne catholique. »

Dans la journée, une dernière grâce fut accordée à Marie-Agnès. Mgr Césaire lui donna la confirmation.

Elle vécut encore deux jours, la chère petite âme, les yeux tournés vers les portes du paradis, attendant avec impatience qu'elles lui fussent ouvertes, et ne cessant de prier pour la conversion des siens.

Jésus ne pouvait se refuser longtemps à de si brûlants désirs. La lampe s'éteignit, la fleur se brisa, et la jeune vierge chinoise s'élança dans les bras de Celui qu'elle avait uniquement désiré.

Vêtue de blanc, comme une première communiante, avec un doux sourire qui semblait remercier ses chères Missionnaires, l'enfant fut portée à sa dernière demeure. La famille Sing-taï, tous les employés de la banque suivaient le cercueil; le père et la mère seuls manquaient, abîmés dans leur profonde douleur.

Ahung Sing-taï eut la sépulture que son désir de civilisation eût rêvée. Elle repose au milieu des catholiques européens, sa tombe est semblable à la leur, et une inscription française indique le nom et l'âge de l'enfant. Seuls, quelques caractères chinois, tracés au bas, révèlent qu'ici repose la fille du riche banquier Sing-taï.

La chère petite Marie-Agnès devait être du ciel un aimant pour les siens, et nous n'aurions pas assez dit, si nous taisions les miséricordes de DIEU envers la famille Sing-taï, après la mort de notre Marie-Agnès.

Cette enfant avait le don de la prière. Elle avait su y trouver la force de vaincre ses mauvais penchants, la grâce de surmonter tous les obstacles qui s'opposaient à son baptême. Maintenant, puissante sur le Cœur de JÉSUS qu'elle a vraiment conquis, elle demande et elle obtiendra l'âme de ceux qu'elle a chéris ici-bas.

Notre petite vierge chinoise était morte le 6 juillet ; trois jours après, le 9 juillet 1900, les têtes de sept Franciscaines Missionnaires de Marie, tombaient sous le sabre de Yu-Hsien. Et l'holocauste de l'enfant innocente, et le sang des Missionnaires massacrées, plaidaient au pied du trône divin la cause de la Chine, implorant la persévérance pour les justes, le pardon pour les coupables, le salut pour tous.

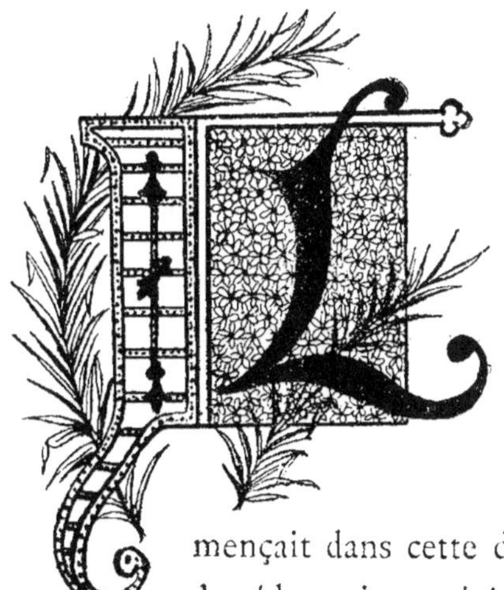

A mort de Marie-Agnès créa un lien plus intime entre le couvent des Missionnaires de Marie et la famille opulente du banquier chinois.

Peu de jours s'étaient écoulés, que déjà commençait dans cette demeure bénie, l'œuvre de rédemption opérée par l'enfant mourante. Comme à Bethléem, la première place fut pour les pauvres, et Mme Sing-taï nous amena une petite esclave de trois ans à peine, gravement malade. Nous avons dit que chez Sing-taï, les esclaves trouvaient une sorte de famille adoptive, qui les soignait, les aimait, les élevait. Aussi, voyant le péril couru par la petite, le banquier avait dit à sa femme :

« Il n'y a que les Religieuses capables de guérir cette enfant. Portez-la-leur. »

Et la mignonne fillette avait fait son entrée à l'hôpital, si malade, si faible, que l'on eût dit que Marie-Agnès voulait offrir à son JÉSUS cet ange de la terre.

Mme Sing-taï venait souvent visiter son esclave ; un jour, elle appela la Religieuse et lui dit :

« Kounénée, l'enfant est à vous. Mon mari dit que si elle meurt étant avec vous, elle ira là où est Ahung, — et le regard de la pauvre mère chercha d'instinct la profondeur des cieux. — Si elle guérit, nous vous la donnons tout à fait, elle augmentera le nombre de vos orphelines et sera chrétienne comme Ahung. »

Contre toute espérance, la petite esclave guérit ; libre désormais, elle reçut au baptême le nom de sa jeune protectrice, Marie-Agnès, et fit partie de la bande joyeuse des orphelines.

Mais la pauvre Mme Sing-taï, usée par les angoisses et les émotions successives, fut obligée de s'aliter pour de longs jours. Le souvenir de sa fille chrétienne la poursuivait, elle appela près d'elle l'amie, chrétienne aussi, qui avait éveillé

M. Sing-taï et son fils Ato.

dans son cœur les premiers sentiments de piété, et la bonne Mme Liou s'empressa de se rendre à ses désirs.

Un jour, se trouvant plus fatiguée, la femme du banquier fit prier son mari de venir la trouver et, en présence de Mme Liou, elle le supplia, si elle venait à mourir, de donner tous ses enfants aux Franciscaines Missionnaires de Marie, ne voulant pas qu'ils fussent mis entre les mains d'une belle-mère païenne.

« Seules, dit-elle, les Kounénées sont capables de leur servir de mères. Mes enfants seront bien élevés par elles et connaitront la religion catholique, unique science que je désire pour eux. »

C'était demander un grand sacrifice à Singtaï qui est un père affectionné ; il comprit cependant et promit à sa femme tout ce qu'elle désirait.

Le ciel ne voulut pas priver notre Chinois de cette compagne fidèle ; la guérison vint et, quelque temps après, la mère de Marie-Agnès se trouvait au parloir du couvent.

« Kounénée, expliqua-t-elle à la Supérieure, je vais avec mon mari passer quelques mois à Can-

ton pour le mariage d'une de mes esclaves. Je
compte laisser mon fils Ato au collège des Frères à Shang-haï et je vous demande de garder la
petite Wiking.

« Mon mari vous fait dire que désormais, il
n'y a aucun empêchement à ce que nos enfants
soient tous catholiques. Nous ne les fiancerons
plus : ils sont libres. Bien plus, nous désirons
instamment qu'ils soient tous chrétiens. Et ce
serait un honneur pour nous si un jour nos
filles avaient le bonheur d'être comme vous,
Kounénée. »

En disant ces mots, Mme Sing-taï montrait
avec un œil d'envie et d'admiration le blanc vêtement de la Missionnaire. Celle-ci, le cœur inondé
de joie, trouvait à peine les paroles pour remercier Dieu qui agissait si visiblement dans cette
famille, et pour assurer la Chinoise que sa fille
serait l'objet de tous les soins. Mais Mme Sing-taï
avait encore un désir.

« Je voudrais, dit-elle timidement, une statue
de la sainte Vierge comme celle qu'avait Ahung
et devant laquelle elle priait si bien..... Moi

aussi, Kounénée, je veux prier..... Pour le moment, je ne puis me faire chrétienne..... mais cela viendra, Kounénée. »

Marie-Agnès, cher petit ange, combien vous êtes puissante près de DIEU ! Votre souvenir est un aimant qui attire à JÉSUS toute votre famille. Oh ! combien la Missionnaire pria, combien elle rendit grâces ! ce sont là des moments qui paient de longues heures de souffrance. Ne nous plaignez pas, vous tous qui comptez et mesurez nos sacrifices ; par un seul rayon de sa grâce, JÉSUS sait tout payer !

Qui dira la joie de Wiking ! Depuis trois ans, elle répétait ingénuement :

« Petit JÉSUS, donnez-moi le baptême. »

La sœur de l'impétueuse Ahung n'avait rien des emportements de son aînée. C'était une douce et candide créature, une fleur du ciel qui s'épanouissait au pied de l'autel, offrant à JÉSUS le parfum d'un cœur innocent, et qui ne vivait que pour lui. Son instruction religieuse était déjà complète ; aussi, dès le retour de la famille Sing-taï, vers le milieu de septembre 1901, on parla du baptême. Wiking ne serait pas seule dans ce jour fortuné, son frère aîné, Ato, que nous avons vu tout petit au couvent de Tché-fou, brûlait aussi des mêmes désirs.

Il fut convenu que les deux enfants seraient baptisés le 8 septembre.

Auparavant la Mère Provinciale voulut de Sing-taï un consentement formel. Le brave Chinois lui dit aussitôt :

« Non seulement, je donne ce consentement par écrit, mais je m'engage à faire suivre à mes enfants leur religion en vrais chrétiens.

« Quant à moi, je suis trop vieux maintenant pour me faire catholique. Vous avez trop de préceptes qui contrecarreraient mes habitudes, je ne pourrais me plier à toutes les règles et je ne veux pas être un mauvais chrétien. J'aime votre religion, je l'admire. Mes enfants sont jeunes, ils peuvent prendre l'habitude du devoir et du beau, je tiens à ce que tous soient catholiques, et je le permets aussi à ma femme si elle le veut. »

Pauvre bon Sing-taï ! qu'elle est lourde la chaîne de l'habitude qui retient encore loin de Dieu un cœur si généreux, un esprit si sincère.

Mais vous avez au ciel et sur la terre des anges qui demandent votre conversion.

La fête de la Nativité fut bien belle á Tché-fou. Le bon Évêque voulut faire entrer lui-même au bercail du Christ les deux chères petites brebis sur lesquelles il veillait depuis si longtemps. Le père, la mère, toute la famille Sing-taï, ainsi que la plupart des pensionnaires, assistaient recueillis à la cérémonie.

Les deux enfants portaient sur leurs fronts l'empreinte de la grâce reçue, un charme inexprimable les enveloppait et inspirait à tous une sorte de respect.

Ato se nommait désormais Jean-Marie, et Wiking, Marie-Cécile.

Quelques jours après, Jean-Marie fit sa première communion dans la chapelle du couvent et, en attendant l'époque prochaine de son départ pour la France, où le fils du banquier devait aller compléter ses études, il fut reçu à la Résidence, afin d'y apprendre mieux le français et l'anglais.

Les chers enfants se montrèrent reconnaissants des soins que les Religieuses leur avaient prodigués. Ils savaient aussi que c'est à la Très

Révérende Mère Générale qui, au prix de tant de travaux et de souffrances, a pu envoyer ses filles accomplir l'œuvre de DIEU sur les rivages lointains, qu'ils devaient le bonheur d'être chrétiens.

Aussi, l'un des premiers soins de la nouvelle Marie-Cécile fut-il d'écrire à cette Mère qu'elle ne connaissait pas, mais qu'elle aimait, une lettre dont nous respecterons le style et la naïveté :

« Très Révérende Mère Générale,

« Je suis très contente de vous écrire, et aussi de vous dire que mon frère et moi nous avons été baptisés cette année. C'est Monseigneur qui nous a baptisés ; mon frère s'appelle Jean-Marie, et moi, Marie-Cécile.

« Mère Générale, ayez la bonté de prier la sainte Vierge pour que mes parents soient baptisés.

« Je vous souhaite aussi une bonne année, ayez la bonté de me répondre. J'aimerais avoir une longue lettre de vous, et surtout votre bénédiction.

« Je ne trouve rien de beau à vous raconter, et puis, je ne sais pas beaucoup le français.

« S'il vous plaît, dites-moi des nouvelles de Rome, je serai très heureuse de les recevoir.

« Je pense que quand je serai grande, je serai Religieuse.

« Mère Générale, je voudrais bien vous connaître, quand viendrez-vous en Chine ?

« Au revoir, Très Révérende Mère Générale, daignez bénir votre petite Chinoise qui demande à l'Enfant Jésus beaucoup de grâces pour vous.

« Marie-Cécile Sing-taï. »

Que Dieu protège cette vocation naissante ! Du reste, Jean-Marie et sa sœur ont les mêmes désirs. Dès l'âge de cinq ans, le petit garçon disait :

« Je serai prêtre catholique. »

Après sa première communion, il fit à sa jeune sœur la confidence de son âme. Jean-Marie avait réfléchi, vu un peu le monde, il soupçonnait que celui qui veut se donner au divin Maître doit affronter de terribles orages et son humilité s'en effrayait.

Entretenant sa sœur de sa vocation sacerdotale, il lui confiait ses craintes.

« Je ne pourrai peut-être pas être prêtre, puisque notre famille est païenne..... Eh bien, si je ne puis pas être au bon DIEU, je me mettrai au service des Pères, je serai leur domestique. »

Voilà toute l'ambition du fils aîné du plus riche banquier de Tché-fou.

Les désirs de Marie-Cécile n'étaient pas encore comblés, elle avait changé sa prière journalière et disait :

« Petit JÉSUS, venez vite dans mon cœur! »

Il fallait la communion pour satisfaire cette âme aimante. Mais l'enfant était si jeune, neuf ans à peine, que l'on n'osait demander une dispense à l'Évêque. L'Enfant JÉSUS, qu'elle avait prié, se chargea de la lui obtenir.

Le jour de Noël, pensionnaires et orphelines allèrent, selon la coutume, offrir leurs vœux à Sa Grandeur qui les accueillit avec sa bonté paternelle et son affabilité habituelle. Le moment n'était-il pas favorable pour toucher le cœur du Pasteur ?

Marie-Cécile vint se mettre à genoux devant le vieil Évêque missionnaire et, la tête basse, les mains jointes, elle murmura sa requête.

« Ah ! dit Mgr Césaire qui cachait avec peine son émotion, ah ! vous voulez faire votre première communion ? il y a des enfants à qui l'on accorde cette permission avant l'âge requis ;..... mais..... mais..... ce sont des enfants bien sages qui aiment bien le bon Dieu. Il faut beaucoup prier la sainte Vierge ; soyez bonne, je vous ferai donner ma réponse par le Père Aumônier. »

Marie-Cécile retourna à sa place et la Mère Provinciale expliqua au vénérable Évêque que l'enfant savait et comprenait parfaitement son catéchisme.

« Cette famille Sing-taï étonne, répondit-il ; ce qu'il y a de bons sentiments dans cet homme est incompréhensible et ses enfants sont des âmes privilégiées de Dieu. »

Le Père Aumônier avait suivi les progrès et les désirs de Marie-Cécile, c'était lui qui devait dans trois mois emmener Jean-Marie en Europe ; et afin que le pauvre exilé sentît moins son abandon, il allait le confier à sa propre famille, lui donner pour compagnons de collège et de vacances ses jeunes neveux. Il portait donc un intérêt tout

Mme Sing-taï et son fils I-sang.

particulier aux enfants de Sing-taï et appuya la demande de la petite fille.

Le lendemain matin, accompagné de Jean-Marie, il arrivait au couvent et demandait l'enfant. Marie-Cécile accourut, tremblante de désir et d'espoir.

Le Père la considéra un moment et lui dit :

« Je viens vous annoncer une belle nouvelle. Mgr Césaire vous permet, mon enfant, de faire votre première communion avant le départ de votre frère. C'est une grande faveur dont il faut remercier la sainte Vierge. Dès maintenant, préparez-vous à ce grand acte, et demandez à MARIE Immaculée de vous obtenir un cœur bien pur pour recevoir son divin Fils. »

Marie-Cécile ne pouvait répondre ; ses larmes coulaient douces et silencieuses. Au sortir du parloir, elle courut dire sa reconnaissance à sa Mère du ciel, à son JÉSUS bien-aimé. Depuis lors, l'autel fut le refuge et le trésor de l'enfant bénie. Dès qu'elle le pouvait, elle volait à la chapelle et on pouvait la voir, appuyée sur la balustrade du sanctuaire, les mains jointes, le regard fixé sur le Tabernacle, sans un mouvement, sans une distraction, faisant passer son âme dans l'amoureuse prière qui l'enchaînait aux pieds du divin Prisonnier.

L'attente ne fut pas longue.

Le 3 février, la petite chapelle, brillante de lumières, retentissait des accents du cantique si plein de souvenirs :

« O saint autel qu'environnent les Anges... »

Marie-Cécile était là, éperdue de joie, comptant les minutes qui la séparaient de l'heureuse union avec Jésus.

Le Père Aumônier se plut à rappeler avant la communion les miséricordes du ciel envers la jeune enfant, à lui dire qu'elle devait se faire l'avocate des siens et, pendant l'absence de son frère, devenir leur ange gardien, afin d'amener aux pieds de Jésus ce père et cette mère si bons qui donnaient si généreusement leurs enfants à la foi du Christ, mais qui n'avaient pas le bonheur de la posséder.

Jean-Marie servait à l'autel et communia après sa sœur.

L'action de grâces de la fillette fut longue, et

le pacte d'amour sembla dès lors scellé entre ce cœur d'ange et celui qui s'appelle le Pain des anges.

Pour satisfaire sa pieuse faim de l'Eucharistie, on permit à Marie-Cécile de communier tous les quinze jours.

Or, quelques temps après, la Mère Supérieure, faisant aux pensionnaires la lecture de leur règlement, en arriva à l'article où il est dit que les enfants doivent se confesser et communier tous les mois. En entendant ces paroles, Marie-Cécile se mit à pleurer, croyant qu'on lui retirerait la faveur obtenue, mais la Missionnaire se hâta de la rassurer :

« Tant que vous serez sage, vous jouirez du bonheur qui vous a été accordé. »

Et l'enfant consolée reprit son aimable sérénité.

Une nouvelle cérémonie réunit les deux aînés de Sing-taï. Ils reçurent ensemble la confirmation.

Le soir de ce beau jour, ils se rendirent chez leurs parents, afin d'y passer en congé, les fêtes du *Kou-nian* (nouvel an chinois). Le banquier avait promis que, pendant ces jours, ses enfants ne mangeraient rien de contraire aux prescriptions de la sainte Église, car le carême était commencé.

Il tint parole, et le repas des deux jeunes chrétiens fut préparé à part, selon les lois quadragésimales.

Le moment de la séparation sonna. Le 14 février 1902, Jean-Marie dit adieu à ses parents, il vint une dernière fois voir sa sœur, et l'enfant du Céleste-Empire fit voile vers la terre de France qui donne au peuple chinois tant de généreux apôtres.

Marie-Cécile restait, seule chrétienne, parmi les siens sur les rives de la mer Jaune. Mais Dieu ne lui fera pas longtemps attendre les âmes qu'elle désire. Sa sœur Bô-hing et son petit frère I-sang recevront bientôt le baptême et, comme leurs aînés, viendront apprendre chez les Missionnaires de Marie à aimer la Vierge Immaculée et son divin Fils.

Marie-Cécile nourrit un autre espoir et tout porte à croire qu'elle en obtiendra la réalisation. Résolue de se consacrer pour toujours à Celui qui a tant fait pour elle et sa famille, Marie-Cécile

voudrait venir en Europe comme probaniste, afin
de se préparer à devenir une bonne Religieuse
et une vaillante Missionnaire. Dans cet être pur,
palpite un cœur d'apôtre brûlant d'une flamme
de séraphin, et comme M. Sing-taï, cet instrument
docile à la grâce, ne semble pas contraire à ce
projet, il est permis d'espérer qu'un jour les
désirs de Marie-Cécile seront réalisés.

. . . .

Il manque un chapitre à notre histoire. Dieu
ne l'a pas encore tracé, il n'a pas achevé sa récolte
merveilleuse, en unissant aux enfants chrétiens
le père et la mère, catholiques de cœur, mais
point encore de fait.

Chers lecteurs, faites une croisade de prières,
unissez-vous à Jean-Marie dans son collège de
L***, à Marie-Cécile, dans le pensionnat de Tché-
fou, aux deux petits Bô-hing et I-sang, à l'ange
de la famille, notre Marie-Agnès, et demandez avec nous la conversion de Sing-taï et de sa
femme.

Les missions chinoises vont refleurir plus belles,
après l'ouragan dévastateur ; la grâce s'empare des

âmes pour lesquelles on a beaucoup souffert ; et l'histoire de Marie-Agnès, commencée au milieu de la persécution, n'est-elle pas une nouvelle preuve que :

« *Le sang des martyrs est une semence de chrétiens.* »

L'imp.-gérant : LEMIÈRE

Imp. Francisc. Miss., 16, route de Clamart, Vanves (Seine)